**Parus dans la même collection :**

TIBELLE ET LE LOUP
LE SECRET DE PAPY
CÉLIMÈNE ET LES CHATS
LE BALLON MAGIQUE
LOÏC, UN NOUVEAU PETIT DIABLE
GORILLO MÈNE L'ENQUÊTE
LE VILAIN PETIT DRAGON
LA SORCIÈRE ET LE MAGICIEN
LE LAPIN EN CHOCOLAT
LOLOTTE ET L'OURS MAGIQUE
TITOUNE ET LE PETIT CLOWN
FANFAN SUPER CHAT
LES DRÔLES D'IDÉES DE DOROTHÉE
AURÉLIEN ET LE SORCIER
LA GAVERNE MYSTÉRIEUSE
LE VOYAGE DE PERLIPOPETTE
GARE AUX PIRATES
ZIPP LE CHIEN EXTRATERRESTRE
LILOU ET L'OGRE DE LA FORÊT
LES LAPINOS EN MONTGOLFIÈRE
BALADIN, LE COCHON D'INDE
SOPHIE A DISPARU
LES LAPINOS À LAPINPINLAND
LE SORCIER DE LA PLANÈTE LUNARIOME
CIRKLAND
JÉRÉMIE ET LA MALLETTE ROUGE
LA MACHINE EXTRAORDINAIRE

Lecture Club Benjamin

# La machine extraordinaire

Histoire :
**Dan Mitrecey**

Images :
**Denise Chabot**

Cerf-volant

# 1

## LA MACHINE DE LOUIS

Aujourd'hui, Manon est triste, car elle a fait tomber son livre préféré, *Le Grand Livre des contes merveilleux*, dans l'eau de son bain. Les pages se sont toutes arrachées les unes après les autres.
Désormais, Manon ne peut plus lire

ses histoires favorites, et c'est pour cela qu'elle est triste.
Louis, son grand frère, qui est très intelligent et très habile de ses mains, et aussi très gentil avec sa petite sœur, a décidé de lui rendre le sourire et de chasser sa tristesse.
– Ne pleure pas, la console gentiment Louis. Je vais fabriquer une machine, juste pour toi ! Tu vas voir... J'ai déjà tous les plans dans ma tête, il n'y a plus qu'à la construire. Suis-moi dans le garage.
Là, sous le regard intéressé de sa petite sœur, Louis se met à assembler des tuyaux en fer, des pédales de vélo, des antennes de radio, des cadrans avec des chiffres, des manches à balai, des compteurs de voiture et tout plein

d'objets incroyables. Au bout d'un moment, il s'arrête pour contempler son œuvre avec satisfaction.
– Voyons... dit Louis, je pense qu'il manque encore le siège et un casque.
– Mais à quoi elle va servir ta machine, Louis ? demande Manon en examinant elle aussi l'étrange et amusant appareil.
– À rien, répond le grand frère en souriant. Ou plutôt si, à tout ce que tu voudras... C'est une machine qui sert à exciter ton imagination. À toi d'en faire ce que tu as envie, continue Louis en ouvrant de grands yeux mystérieux. Tu pourras aller dans le futur ou même remonter le temps...
– Alors, peut-être que je pourrai

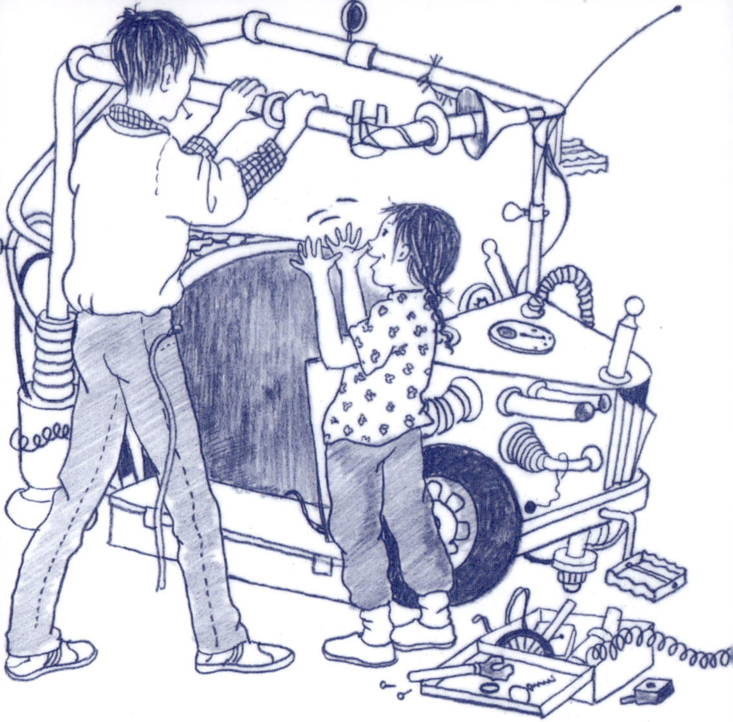

revenir en arrière juste avant le moment où mon livre est tombé dans l'eau ?... demande Manon, pleine d'espoir.
– Oh ça, sûrement ! lui répond Louis très sérieusement.
– Et comme ça, ajoute Manon en

battant des mains, je retrouverai mon livre en bon état... Ce serait super-génial !

– Tu peux au moins essayer, petite sœur. Mais avant, il faut que tu attendes que j'aie fini la machine. Je dois y mettre un siège pour que tu y sois bien installée. Et aussi un casque, on ne sait jamais...

Sans attendre, Louis entraîne sa sœur dans la cave de leur maison pour y récupérer un vieux fauteuil de cuir usé qui dormait là depuis longtemps.

– Avec ça, tu vas pouvoir être assise très confortablement, remarque Louis en rapportant le siège auprès de la machine.

Puis, pour mettre la dernière touche, il récupère la passoire de la

cuisine de sa maman et l'attache à la machine en la reliant par des fils électriques.
– Ça, ça te servira de casque, dit-il en l'essayant pour effectuer les derniers réglages.
Puis il ajoute une lampe électrique allumée, raccorde encore quelques fils de téléphone entortillés comme des ressorts et contemple sa machine avec un air satisfait.
– La Machine extraordinaire va être bientôt prête ! lance-t-il finalement à sa petite sœur avec un sourire de contentement.
Puis il se met à crier comme on parle au cirque quand on annonce les numéros :
– Tu vas pouvoir grimper à bord ! Tu vas découvrir ses pouvoirs

exceptionnels ! Et tu voyageras dans le futur ou le passé ! Pour partir, c'est facile, il te suffit d'appuyer là !…
Louis presse sur un bouton. Une guirlande multicolore de Noël, habilement installée pour donner l'air vrai à l'appareil, s'illumine.
Émerveillée, Manon frappe dans ses mains en admirant la magnifique machine créée par son frère.
– Je peux m'asseoir, dis, je peux ? s'impatiente-t-elle.
– Bien sûr, vas-y ! Installe-toi bien sur le siège et surtout, n'oublie pas ton casque…
Louis observe un moment sa petite sœur tout heureuse de son nouveau jouet, content de lui avoir fait plaisir, puis il quitte le garage. En y

repassant un peu plus tard, il s'aperçoit que Manon est toujours là. Elle dort paisiblement dans le fauteuil de la machine avec Tinours, son inséparable peluche qu'elle tient serrée dans ses bras.

# 2

## LA FILLETTE EN ROUGE

C'est très curieux quand Manon s'éveille, car elle est à la campagne, au bord d'un chemin plein d'herbe menant à une forêt épaisse de taillis et de grands arbres. Tinours, son petit ours en peluche, est assis par terre auprès d'elle.

– Mais qu'est-ce qu'on fait ici, mon vieux Tinours ? murmure Manon, tout étonnée de ne pas se réveiller dans son lit.
– Ma foi, je ne sais pas, répond Tinours d'un ton très naturel. Manon sursaute.
– Hein ? Mais tu parles, toi ?... Et tu es vivant ?...
– Ben oui... réplique Tinours en se redressant sur ses pattes. Tu ne l'avais jamais remarqué ?...
– Ça alors !... bredouille Manon, mais pourquoi tu ne me l'as jamais dit ?
– C'est parce que je n'en ai jamais eu l'occasion, explique simplement le petit ours.
– Bon alors, où est-ce qu'on est, maintenant ? interroge Manon.

Comment se fait-il que je ne me sois pas réveillée dans mon lit, chez moi ?
– Ce doit être l'étrange machine de ton frère, explique Tinours perspicace.
– La machine de Louis, mais bien sûr ! s'écrie Manon en se cognant le front de la main, elle marche vraiment ! Quelle machine extraordinaire ! Mais alors, nous sommes dans le futur ou dans le passé ? poursuit Manon en regardant autour d'elle. Tiens, il y a quelqu'un qui arrive, on va pouvoir lui demander notre chemin.
Sur la route menant vers la forêt, une petite fille chemine dans leur direction. Elle est habillée d'une jolie robe champêtre toute rouge

avec un capuchon relevé de la même couleur qui protège ses boucles blondes. Elle porte un panier d'osier recouvert d'un linge à carreaux. En arrivant à leur hauteur, elle les salue gentiment d'une voix claire :

– Bonjour !

– Bonjour, répondent aimablement Manon et Tinours en chœur.
– Belle journée pour se promener dans la forêt ! ajoute la petite fille.
– Euh… Justement, euh… bredouille Manon, où est-ce qu'on est ?
– Bah !… fait la fillette en haussant les épaules sans comprendre, ici on est à l'orée de la forêt.
– Ah ?… Et… il y a bien une ville par ici : elle est où ?
– Ben… là-bas, au loin, montre-t-elle d'un geste vague de la main vers là d'où elle vient.
– Comment s'appelle-t-elle, cette ville ? insiste Manon.
– Ben… La ville… C'est comme ça qu'on l'appelle.
« Elle est un peu bébête, se dit Manon, c'est bien notre chance. »

– Et toi, où vas-tu ?
– Moi, je vais dans la forêt voir ma grand-mère, venez avec moi, on va bien s'amuser !
– D'accord, acquiesce Manon.
Tinours tire doucement sur la chemise de Manon pour lui dire quelque chose à voix basse, mais son amie semble soucieuse et n'écoute pas. En suivant finalement la fillette qui gambade devant eux en chantonnant gaiement, Manon commence à avoir vraiment peur. La machine de Louis a parfaitement fonctionné, c'est sûr, mais ce qui l'inquiète surtout c'est comment savoir où ils se trouvent et comment retourner chez eux ? Tinours continue à tirer sur la chemise de Manon.

– On dirait le Petit Chaperon rouge ! fait enfin remarquer l'ourson en désignant la fillette.
Manon hausse les épaules et continue à marcher tout en essayant de réfléchir.
« Voyons... Soit je rêve et je vais me réveiller, soit il faut vraiment trouver le moyen de rentrer, et alors... Je n'en ai pas la moindre idée, on verra bien ! » finit-elle par se dire.
Après s'être enfoncés dans la forêt, ils arrivent finalement devant une charmante petite chaumière aux volets joliment décorés. La fillette en rouge se retourne vers ses compagnons :
– C'est ici qu'habite ma grand-mère. Elle vit toute seule dans cette

maison. Alors je viens souvent lui rendre visite. Mère-Grand, c'est moi, appelle doucement la fillette.
– Tire la chevillette et la bobinette cherra ! fait une grosse voix rauque au bout d'un long moment.

# 3

## LE LOUP EST EN FUITE

– Attends !… N'entre pas !… s'écrie soudain Manon à la fillette en rouge.
Celle-ci hausse les épaules pour protester :
– Mais si ! Il faut bien que j'apporte le pot de beurre et la galette à ma

grand-mère qui m'attend.
– Mais alors… Tu es vraiment le Petit Chaperon rouge !… s'écrie Manon ahurie.
– Bah… Évidemment !
La petite Manon décide de ne pas s'étonner de l'étrangeté de la situation et poursuit :
– Alors, je t'assure qu'il ne faut pas que tu entres. Il y a le loup à l'intérieur…
– Le loup ?… s'inquiète soudain le Petit Chaperon rouge, mais… Et ma grand-mère ?… Je ne peux quand même pas la laisser manger par le loup !
– Je suis sûre de ce que je dis, laisse-moi faire, conseille Manon d'un air décidé.
– Tu viens, Tinours ? interroge la

fillette en ouvrant la porte.
– Euh… Je préfère t'attendre ici… assure prudemment le petit ourson. Manon ouvre la porte et entre dans la chaumière. À l'intérieur, dans un lit moelleux, elle aperçoit une forme allongée sous les draps.
– Approche ma fille, murmure le loup d'une voix aiguë qui tente d'imiter celle de la grand-mère.
– Ne te fatigue pas, grand méchant loup, lâche Manon avec courage. Je ne suis pas le Petit Chaperon rouge, et toi, tu es le loup, tu es repéré ! Le chasseur va arriver avec son fusil, tu ferais mieux de te sauver tout de suite !
– Comment ?… s'inquiète soudain le loup. Ouooouh !… Le chasseur !… Avec son fusil ?… Il va me tuer !

Effrayé, le loup saute vivement du lit, il se débarrasse prestement des vêtements de la grand-mère et s'enfuit par la fenêtre en hurlant. Le loup parti, Manon se dirige vers un placard d'où proviennent des plaintes et des gémissements. Elle l'ouvre et y découvre la grand-mère que le loup avait enfermée afin de la manger plus tard, et elle la délivre. Puis, Manon fait entrer le Petit Chaperon rouge, et elle assiste avec plaisir aux retrouvailles avec la grand-mère.

– Oh, Mère-Grand, j'ai eu si peur ! s'exclame le Petit Chaperon rouge. Heureusement que le grand méchant loup ne t'a pas mangée, j'aurais été si malheureuse ! Et je suis si contente de te voir. Comme tu as un beau sourire…

– C'est pour mieux t'embrasser, mon enfant… répond la grand-mère attendrie en serrant sa petite-fille dans ses bras. Il faut remercier ton amie.

– Au fait, comment t'appelles-tu ?

demande le Petit Chaperon rouge à Manon.
– Je m'appelle Manon, et voici Tinours, mon compagnon…
– Eh bien, grand merci, Manon, car sans toi, le loup nous aurait dévorées, et…
Elle fouille dans son panier d'osier et en extrait un grand gâteau rond enveloppé dans un linge.
– Tiens ! je te donne cette galette que j'ai préparée ce matin avec maman.
– Oh, merci, dit Manon en prenant le magnifique gâteau. Je vais me régaler. J'en donnerai à mon frère Louis, car c'est grâce à lui que je suis ici. Mais toi, ne me remercie pas, c'est tout naturel car je connais ton histoire, et…

En plein milieu de sa phrase, Manon s'arrête de parler car elle sent que le monde autour d'elle se met à bouger et à tourner comme dans un manège très, très rapide. En quelques secondes, elle se sent obligée de fermer les yeux. Quand elle les rouvre, elle est dans le garage, assise sur le siège de la machine de son frère.

– Ouf !… Quel rêve extraordinaire, mon vieux Tinours, fait-elle en se frottant les yeux pour retrouver ses esprits.

Mais le petit ours en peluche ne répond rien cette fois, et il reste immobile.

– J'ai même rêvé que tu parlais, Tinours… Nous étions avec le Petit Chaperon rouge dans sa forêt, et…

Manon se met à rire en prenant son ourson dans ses bras.
– Hi ! hi ! C'était amusant... Toi, tu avais peur du loup, et tu ne voulais pas rentrer dans la chaumière... Enfin, ce n'était qu'un rêve !...
En se levant, Manon fait tomber quelque chose : une galette enveloppée dans un linge...

# 4

## SEPT PETITS HOMMES

– C’est incroyable, Louis, mais je te jure qu’elle marche, ta machine, affirme Manon avec force. Je reviens de chez le Petit Chaperon rouge… Tiens, j’ai même ramené sa galette ! Elle me l’a donnée pour me remercier d’avoir chassé le loup. Maintenant, le Petit Chaperon rouge, c'est ma copine…

– C'est super ça, petite sœur, s'exclame Louis avec un grand sourire en voyant qu'elle a oublié toute sa tristesse. Alors, amuse-toi bien…

Manon insiste auprès de son grand frère :

– S'il te plaît, Louis, explique-moi au moins comment elle marche…

– Eh bien, c'est très simple, répond Louis en se souvenant de sa sœur endormie dans la machine : tu dois dormir et faire des rêves, et si tu t'y prends bien, tu iras où tu voudras…

– Super ! Alors, j'y retourne tout de suite… dit la fillette tout heureuse. Mais avant, je vais manger un peu de ce délicieux gâteau que

le Petit Chaperon rouge m'a donné...
Quand elle ouvre le linge qui enveloppe la galette, pouf !... Tout tombe en poussière. Plus de gâteau et plus de linge.
– Bah !... Ce n'est pas très grave, se console-t-elle. Viens, Tinours, nous allons retourner la voir et avec elle nous mangerons quand même de bons gâteaux. Je vais en emporter...
L'ours en peluche ne daigne pas répondre. Elle l'emmène jusque dans la machine, où elle l'installe confortablement.
Ensuite, elle file à la cuisine et prend un paquet de biscuits au chocolat qu'elle adore. Puis elle revient à la machine et s'y installe.

Après avoir enfilé le casque et pris Tinours dans ses bras, Manon ferme les yeux.
L'impression de se réveiller est la même que la première fois. Mais

l'endroit, lui, a changé. Manon se retrouve dans une forêt assez sombre, avec de grands arbres très hauts. Tinours est vivant, debout à côté d'elle.

– Oh, regarde, Tinours !… s'écrie Manon en désignant une magnifique biche qui les observe non loin d'eux.

Plus loin, un couple de lapins au toupet blanc passe en courant.

– On ne doit pas être très loin de la maison de Mère-Grand, remarque Manon.

Cette fois, Tinours intervient :

– Je n'en suis pas si sûr. Cette forêt ne ressemble pas à celle où on était, et...

– Tiens, là-bas ! coupe Manon, il y a un chemin.

– Allons voir ! Il mène forcément quelque part...
En s'approchant du chemin, ils entendent un murmure lointain qui se précise, pour devenir un chant.
– Haï-ho ! haï-ho ! On rentre du boulot… Hailo ! Hailo !
Puis ce sont des sifflements. Enfin à quelques mètres devant eux, apparaissent l'un après l'autre sept tout petits hommes barbus et coiffés de bonnets de couleurs vives tous différents. Ils portent chacun une pioche sur l'épaule et ils chantent en marchant à la queue leu leu.
Ahuris, Manon et Tinours les regardent s'approcher.
Tinours souffle d'une voix blanche :
– Ce sont des nains, Manon... Ils sont sept... On dirait, on dirait...

Arrivés devant l'ourson et la fillette, les petits hommes s'inclinent tous très poliment.
– Bien le bonjour, fait joyeusement le premier d'entre eux d'une voix grave, avec un grand sourire.
– Euh... Bonjour ! répondent Manon et Tinours.
Un deuxième nain portant des petites lunettes se courbe devant eux :
– Bien le bonjour, voyageurs !
– Bonjour ! répondent-ils aimablement.
Puis un troisième au nez rouge s'avance et éternue :
– Aaaatchoum !... Bien le bonj... Aat... Aaatchoum !... Le bonjour...
– Pas possible ! s'écrie soudain

Manon en écarquillant les yeux de surprise, mais… Vous êtes vraiment les sept nains ?
– Eh oui, les sept nains, mam'zelle, c'est nous… acquiesce le premier en souriant toujours.
– Vous… Alors vous, vous êtes Joyeux, bredouille Manon.
– Ha ! ha ! Joyeux, sûrement mam'zelle, je suis…

5

# LA PRINCESSE

– Moi, Prof je me nomme…
– Moi, je m'appelle... Aatchoum !
– Et moi, je suis Dormeur, ajoute un autre en bâillant.
– Moi, c'est Grincheux, grogne un troisième venant de derrière, et puis lui c'est Simplet : il ne cause

pas parce qu'il est bête… Et l'autre là, c'est Timide, il n'aime pas les gens parce qu'il est timide, justement… Alors on ne va pas en faire toute une histoire… Et vous qui êtes-vous d'abord ?

– On aurait pu aussi vous appeler Bavard, murmure Manon en souriant.

Tous éclatent de rire, sauf Grincheux qui bougonne et se met à l'écart.

– Moi, je m'appelle Manon, et mon ami là, c'est Tinours…

– Et vous alors, qu'est-ce qui par ici vous amène ? questionne Prof.

– Eh bien, c'est la machine de mon…

Mais Tinours donne un coup de patte dans le dos à Manon pour l'arrêter :

– Nous nous promenions dans la forêt, tout simplement, fait l'ourson, malin.
– Euh… C'est ça, enchaîne Manon, comprenant le geste de son ami. En fait, nous aimerions bien voir Blanche-Neige…
– La princesse !… s'écrient les sept nains ensemble en se regardant d'un air étonné.
– Ben oui… murmure Manon.
– Dans ces bois, la princesse jamais ne vient, explique Prof.
– Mais si ! mais si ! insiste Manon, je vous assure qu'elle va venir… Bientôt peut-être…
Voyant que les nains semblent prendre cette nouvelle très au sérieux, Manon insiste encore :
– Elle doit même venir chez vous,

dans votre chaumière...

– Chez nous ! s'exclament les nains en chœur.

– Elle y est peut-être même déjà, assure Manon.

– Alors, reprend Prof, très rapidement chez nous il faut nous en aller, afin, pour la venue de la princesse, notre maison de nettoyer...

– On peut vous accompagner ? demande Manon.

– De venir j'allais vous en prier, si vous le souhaitez, répond Prof. La colonne des sept nains se remet rapidement en marche et les chants reprennent. Manon et Tinours, tout heureux et fiers de participer, chantent et sifflent aussi à tue-tête le long de la route. Enfin, au détour d'un bosquet, ils découvrent soudain la chaumière des nains, blottie dans les bois au cœur d'une clairière toute fleurie.

– On dirait qu'il y a quelqu'un, bougonne Grincheux, la cheminée fume, les volets sont déjà fermés.

– C’est sûrement Blanche-Neige, explique Manon. Elle se repose. Ils s’avancent tous prudemment vers la chaumière.
– J’ai horreur qu’on rentre chez moi… grogne encore Grincheux.
– Hé, mais c’est tout propre dedans, s’exclame Atchoum en regardant par la fenêtre.
– Je crois même savoir qu’elle a fait le ménage, assure Manon.
– Entrons voir, propose Prof.
Dans la chaumière astiquée, une appétissante odeur de ragoût attire les narines. Des bougies colorées éclairent doucement la pièce. Le couvert est dressé et la table est joliment décorée avec des petits bouquets de fleurs. Les exclamations de surprise et de plaisir fusent

quand une voix claire les interrompt. En haut de l'escalier, Blanche-Neige apparaît souriante.
– Bonjour princesse !... s'écrient tous les nains en s'inclinant.
– Ah ! vous savez donc qui je suis ? s'étonne la princesse.
– Oui. Qui nous l'a dit, c'est notre nouvelle amie, Manon, confie Joyeux. Elle savait qu'ici vous étiez...
– Ah ? dit Blanche-Neige, qui semble un peu surprise et inquiète. Manon se hâte de la rassurer :
– Ne vous inquiétez pas, chère princesse, je ne vous veux pas de mal. Je ne suis pas au service de votre méchante belle-mère. Au contraire, je dois vous prévenir qu'il ne faut surtout pas que vous

mangiez de pommes. Jamais ! Même si elles sont belles, rouges et bien mûres. Et surtout si c'est une vieille femme qui vous les offre… Parce que je connais votre histoire, et…

6

# DANS LE BROUILLARD

Assise dans le siège de la machine, Manon est très étonnée de se retrouver à nouveau dans le garage. Tinours est avec elle, redevenu peluche.

– Mais enfin, qu'est-ce qui a bien pu se passer pour que je me réveille ?

s'interroge Manon. Oh, c'est trop bête ! On était avec Blanche-Neige et les sept nains… C'est encore mieux que dans mon *Grand Livre de contes merveilleux*. Zut de zut ! Il faut absolument que je puisse y retourner… Mais au fait, le paquet de biscuits. C'est que j'ai une petite faim, moi. Ah, il est là… Allez ! quelques biscuits et ça ira mieux. En attendant, mon vieux Tinours, on y retourne !

Après une brève impression de vertige, Manon se réveille, et Tinours est vivant, debout à côté d'elle.

– On est dans une ville ! s'exclame le petit ours.

Manon regarde autour d'elle et découvre les hauts murs de grandes maisons qui forment des ruelles étroites et pavées. Soudain, le vacarme infernal provenant d'une voiture tirée par des chevaux terrifie les deux amis. La voiture passée et le silence revenu, Manon et Tinours avancent lentement à cause d'un brouillard épais.

– Mais où sommes-nous ?... interroge Manon très inquiète.

Le son d'une canne qui claque sur les pavés et les murmures étouffés d'une conversation attirent leur attention. En sortant du brouillard, ils croisent deux personnages qui disparaissent presque aussitôt sans leur jeter le moindre regard.

– Tu as vu, Tinours ? demande encore Manon d'une voix blanche. C'était un chat et un chien !

– Pas un chien, un renard… précise Tinours.
– Oui, mais ils étaient habillés comme des hommes, avec des chapeaux et des vêtements. Même que le renard avait une canne… Mais

où est-ce qu'on peut bien être ?…
– On aurait dit… commence Tinours, mais il se ravise et se tait.
Tandis qu'ils avancent dans les rues sombres et brumeuses, quelques lumières s'allument peu à peu dans les maisons.
– Ce doit être le matin, lance Tinours, perspicace, les gens se réveillent.
Le grincement de la porte d'une boutique qui ouvre attire leur attention. Un enfant en sort portant un cartable d'écolier. Manon et Tinours ne le distinguent pas très bien à cause du brouillard qui les entoure ; ils ne remarquent pas que le petit garçon a un long nez pointu, et surtout que ses bras et ses jambes, qui dépassent de son vête-

ment, sont en bois. Un vieil homme l'embrasse tendrement et le pousse dehors en souriant. Soudain, Manon lève les yeux au-dessus de la boutique et manque de s'étrangler d'étonnement. Sur l'enseigne, il est écrit : « Gepetto, marionnettes, articles en bois. » Son regard se tourne à nouveau vers le petit garçon qui part fièrement vers l'école, et elle le reconnaît aussitôt.

– C'est Pinocchio !...

– J'avais bien reconnu Gédéon et Grand Coquin, tout à l'heure... lui confie Tinours.

– Mais alors, bredouille Manon, il faut le suivre et l'empêcher de...

– Suivons-le, on verra bien... propose Tinours sagement.

Mais le petit garçon a pris de

l'avance et ils doivent courir pour le rattraper. Soudain, Manon trébuche et manque de marcher sur quelque chose qui bouge et qui se met à hurler :
– Mais qu'est-ce qui m'a fichu une maladroite pareille ? Pouvez pas faire attention où vous mettez les pieds ? Grande dinde ! C'est que je n'ai pas que ça à faire, moi… Et l'autre qui ne m'attend pas !… Pinoc, hé ! Pinoc !… hurle-t-il en repartant.
Un chapeau haut-de-forme sur la tête, vêtu d'un costume très élégant, un parapluie à la main, des chaussures vernies et cette voix de crécelle... Pour Manon, il n'y a aucun doute. Cette petite bête, c'est bien Jiminy Cricket !

– Bonjour Jiminy, dit aimablement la fillette, je m'appelle Manon et voici mon ami Tinours.
– Hahaaa !… Vous me connaissez ? interroge le grillon d'un air flatté en arrêtant sa course.

# 7

## LES VAURIENS EN FUITE

Le parapluie appuyé sur le sommet de son chapeau, le grillon sourit d'un air gêné et toussote :
– Ahem ! Alors, j'ai peut-être été un peu rude à votre égard, je m'en excuse sincèrement. Mais je dois rattraper Pinocchio. Sans moi, il

risque de faire des bêtises…
– On le sait ! répond Manon, et on veux vous aider…
– Ah… Très bonne idée ! Alors, dans ce cas, venez vite, suivez-moi. Pinoc ? Pinoc ?…
Ils courent dans le brouillard à la recherche du garçon de bois, et finissent par tomber sur lui. Mais il est accompagné des redoutables Gédéon le chat et Grand Coquin le renard qui le serrent de près.
– Tu vas devenir un véritable artiste, mon garçon… murmure sournoisement le renard. Fais-moi confiance…
Courageusement, Jiminy ose se planter devant eux.
– Laissez donc cet enfant tranquille, il doit aller à l'école !

D'un revers de sa canne, Grand Coquin fait valser le pauvre grillon, qui finit assommé sur le pavé. Alors, Manon décide d'intervenir. Après avoir jeté un coup d'œil complice à Tinours, elle se met en travers du chemin et lance bravement :

– Si vous ne laissez pas ce garçon tranquille, mon ami va se fâcher… C'est un ours, mon ami, vous savez… Tinours, qui a aussitôt compris, retrousse ses babines et compose son air le plus menaçant. Bien que cet exercice soit très difficile pour un ours en peluche dans le monde normal, Tinours parvient quand même à impressionner les deux brigands qui ne sont pas très courageux mais plutôt peureux.

– Un ours féroce ? Quelle horreur ! s'exclame Grand Coquin. Fuyons, compagnon !
Sans demander leur reste, les vauriens s'enfuient à toutes jambes. Manon et Tinours, qui a repris son air gentil habituel, s'inquiètent de l'état de Jiminy.
– Oh, ma pauvre tête… se plaint le

grillon en se relevant. C'est bien de ta faute aussi, poursuit-il en s'adressant à Pinocchio penché sur lui, tu n'avais qu'à aller à l'école tout droit au lieu de perdre ton temps à discuter avec ces bons à rien...

– Mais ils me proposaient de devenir un grand artiste, je croyais que c'était bien... proteste faiblement le pantin de bois.

Manon dévisage Pinocchio et le découvre : son long nez de bois, ses yeux écarquillés, son grand nœud papillon bleu et son petit chapeau à plume... Quelle chose extraordinaire de pouvoir rencontrer cet être sorti directement de son *Grand Livre des contes merveilleux*, de le voir bouger et de parler avec lui et devenir son ami ! Manon se félicite aussi d'être intervenue pour lui permettre d'échapper à la fatale rencontre avec les deux misérables. Ainsi, elle lui aura évité les oreilles d'âne et surtout le terrible voyage dans le ventre de la baleine.

– Bonjour Pinocchio… salue gentiment Manon.

– Bonjour… répond le pantin. Ton ami l'ours n'a pas l'air très méchant, on dirait plutôt même qu'il est très gentil…

– Oh, il l'est… admet Manon en souriant. Ce sont surtout tes faux amis qui sont peureux.

Ils rient tandis que Jiminy, ayant retrouvé ses esprits, reprend son rôle de conscience de Pinocchio.

– Bon, allez ! il faut te rendre à l'école, maintenant… Tu vas être en retard… Le maître va te gronder et Gepetto ne va pas être content… Sans compter que la fée Bleue va me tomber dessus…
– On va tous accompagner Pinocchio à l'école, propose Manon toute contente.
– Eh bien d'accord, allons-y, accepte Jiminy.
Chemin faisant, le grillon interroge ses nouveaux amis :
– Ahem ! Mais dites-moi, vous m'avez affirmé tout à l'heure que vous vouliez m'aider parce que vous saviez. Vous saviez quoi, au juste ?
– C'est un peu compliqué à expliquer, mais nous savons bien qui est

Pinocchio, répond Manon. Nous connaissons aussi Figaro le chat et Cléo le poisson rouge et, bien sûr, Gepetto, ce gentil monsieur. Vous savez, je connais votre histoire, et...

# 8

## MANON VOYAGE SEULE

Assise dans le siège de la Machine extraordinaire, Manon s'éveille, Tinours redevenu peluche à ses côtés.

« Zut, je suis encore revenue sans le vouloir… se dit-elle. Mais comment ai-je fait ? Ou bien quelqu'un dirige-t-il la machine sans que je le sache ? »

Ne trouvant pas de réponse, Manon décide d'aller voir son frère pour lui demander des explications sur le bon fonctionnement de sa machine. Elle le trouve dans sa chambre et lui raconte toutes les magnifiques aventures qu'elle vient de vivre avec son ours en peluche. Après l'avoir écoutée, Louis éclate de rire.

– Eh bien, on peut dire que tu as de l'imagination, toi…

– Tu ne me crois pas ? demande Manon d'un air soupçonneux.

– Mais si ! mais si ! mais je ne connais pas du tout ces contes-là. *Blanche-Neige et les sept nains*, *Pinocchio*, c'est extraordinaire, tu

as inventé tous ces noms toi-même ?
– Arrête de te moquer de moi, s'écrie Manon en sautant sur son frère pour le bourrer de coups de poing qui le font rire encore plus. Tu n'as qu'à venir avec moi dans ta machine, et tu verras…
– Eh bien d'accord !… accepte Louis, allons-y tous les deux.
Aussitôt, Manon entraîne son frère dans le garage. En chemin, ils croisent leur maman.
– Manon, j'ai un petit cadeau pour toi. Tu le veux maintenant ?…
– Oh, merci maman, mais tout à l'heure. Pour l'instant, je joue à un jeu génial avec Louis !
Au garage, ils s'installent ensemble sur le siège et Manon enfile le casque.

– Il faut se concentrer comme si on dormait, explique-t-elle.
Quelques secondes plus tard, après un court vertige, Manon se retrouve seule, dans une grande forêt. Louis n’est pas là.

– Et Tinours ?… Zut et rezut, je l'ai oublié !… s'écrie Manon fâchée contre elle-même.

Il pleut, les arbres sont grands, la forêt semble très vieille et il fait sombre, presque nuit. Manon a froid et un peu peur aussi.

Les troncs des arbres sont très gros et tout ridés, avec des trous qui ressemblent à de grands yeux méchants. Les branches épaisses et tordues s'entremêlent comme pour empêcher d'apercevoir le ciel.

« Cette forêt ne ressemble pas à celle du *Petit Chaperon rouge*, ni même à celle de *Blanche-Neige*, se dit-elle. Est-ce que je suis dans une autre histoire ? »

Après avoir regardé dans tous les sens, rien ne lui paraît familier. De temps en temps, un son sourd et lourd, différent des bruits de la forêt, attire son attention. Soudain, d'un buisson non loin d'elle, surgit un jeune garçon suivi de cinq autres puis d'un dernier aux cheveux roux. Très pauvrement vêtus, tout essoufflés, maigres et griffés par les ronces, les garçons s'accordent un moment de répit.

– Bonjour ! salue joyeusement Manon.

Les sept garçons, qui ne l'avaient pas encore vue, sursautent. Le plus petit d'entre eux s'avance vers elle.

– Qui es-tu, toi ?... demande-t-il.

– Je m'appelle Manon, et toi ?

– Moi, on m'appelle Poucet, parce que je n'étais pas plus grand qu'un pouce quand je suis né. Qu'est-ce

que tu fais dans la forêt ?...
Manon s'apprête à répondre quand le bruit qu'elle avait déjà entendu se fait plus distinct, semblant tout proche.
– Boum ! Boum ! Boum !
Les six autres garçons se mettent à trembler de peur.
– Courons encore, mes frères, crie Poucet en s'enfuyant, et cachons-nous dès que possible.
Manon réalise qu'elle se trouve bel et bien avec le Petit Poucet, en pleine forêt, alors que l'ogre mangeur de chair fraîche est à leur poursuite. Le temps qu'elle réfléchisse à sa situation, et les garçons ont déjà décampé dans les taillis, hors de sa vue. Soudain, un arbre est mis en pièces, broyé, écrasé et

une immense silhouette débouche dans la clairière, face à elle.
– Hum, ça sent bon la chair fraîche, ici… Je ne vais pas tarder à prendre mon déjeuner, dit une grosse voix effrayante.

9

# L'OGRE

Au beau milieu de la clairière se tient un être immense, haut comme un immeuble, avec une grande barbe rousse, de grosses dents sales et des yeux très méchants. En travers de sa ceinture est accroché un énorme poignard à la lame luisan-

te. Aux pieds, il porte d'immenses bottes de cuir qui lui remontent jusqu'aux cuisses.
« L'ogre et ses bottes de sept lieues ! » ne peut s'empêcher de penser Manon.
L'ogre renifle bruyamment, passe une énorme langue gourmande sur ses affreuses lèvres, puis il aperçoit Manon immobile.
– Bonjour, murmure Manon de son ton le plus aimable.
– Grrr ! grogne simplement l'ogre de sa grosse voix rauque. Je cherche mon repas, sept petits moucherons, tu les as vus ?…
– Hélas, non… répond bravement Manon, je n'ai vu personne d'autre que vous, ces derniers temps…
— Ah bon, alors, en attendant, je

vais te manger toi ! menace l'ogre. Il avance une grosse main recouverte de poils roux et attrape Manon avant qu'elle ait pu s'enfuir.

– Lâchez-moi ! hurle la petite fille, lâchez-moi ! je suis trop maigre… Je n'ai que des os !

– C'est vrai que tu n'es pas très dodue, admet l'ogre, mais je vais te manger quand même, ça me fera un en-cas…

Tenant Manon par les cheveux d'une main, il saisit son couteau de l'autre. Manon est folle de peur. Elle cherche désespérément à quitter cet horrible cauchemar. Elle doit trouver le moyen de se retrouver assise dans la machine, chez elle, dans le garage. Mais l'ogre est bien réel, et Manon ne sait pas

comment retourner chez elle.
L'ogre approche le couteau de son cou. Affolée, Manon essaie de se souvenir de l'histoire du Petit Poucet.
– D'abord, il va voler votre trésor ! hurle-t-elle à l'ogre.
Le monstre arrête son geste et

examine la fillette suspendue devant lui.

– Quoi ? Mon trésor ?… Qui va me voler mon trésor ?…

– Le Petit Poucet… L'un de ceux que vous cherchez. Je sais qu'il va vous voler pour devenir très, très riche et aider ses parents…

– Personne ne touchera jamais à mon trésor ! tonne l'ogre en tapant du pied.

Le sol résonne comme lors d'un tremblement de terre. Il approche la lame du couteau tout contre la gorge de Manon. Puis, toujours en la tenant par les cheveux comme un vulgaire chiffon, il l'amène devant ses yeux affreux, qui sont injectés de sang. Elle sent son souffle immonde, elle voit ses grandes dents si proches d'elle, son gros nez tout rouge piqueté de verrues. Il pousse un rugissement affreux avant de répéter :

– Jamais personne ne touchera mon trésor, t'entends… Ni lui ni toi, car toi, je vais t'égorger après que tu m'auras dit comment tu sais tout ça…

– Mais… C'est parce que je connais votre histoire, et…

Manon se réveille soudain chez elle, près de la Machine extraordinaire. Louis la regarde avec inquiétude :

– Ça ne va pas, petite sœur ?

Sans répondre, Manon se jette dans ses bras, trop heureuse de pouvoir échanger l'ogre contre son frère chéri.

– Ouh !... C'était horrible, se plaint-elle, j'étais avec l'ogre du *Petit Poucet*, et il allait me trancher la gorge pour me manger... Heureusement, j'ai dit la formule pour revenir... Par hasard... Quel bonheur !...
– Tu devrais arrêter un petit peu de jouer avec la machine maintenant, Manon, conseille Louis l'air sérieux. Et puis, maman t'a dit qu'elle avait un cadeau pour toi, non ?... Va plutôt la voir, et oublie tout ça...
– J'ai eu si peur, dit-elle soulagée, mais j'ai aussi rencontré le Petit Poucet.
– Celui-là au moins, je le connais... répond Louis en riant.
En retrouvant sa maman, Manon

prend son cadeau sur la table du salon. Vite, elle enlève le papier qui l'enveloppe et découvre un magnifique livre : *Le Grand Livre des contes merveilleux.*

10

# UNE TERRIBLE DÉCOUVERTE

Folle de joie, Manon saute au cou de sa maman pour la remercier et l'embrasse de toutes ses forces. Encore sous l'effet du souvenir de l'ogre, elle profite de la douceur de la joue et du parfum de sa mère pour savourer son plaisir d'être de retour. Mais pas question d'inquiéter sa maman en lui racontant les étranges voyages qu'elle vient de faire.

– Je vais pouvoir relire tous les contes que j'aime… *Blanche-Neige, Pinocchio*, et tout ça…

– Tiens, c'est curieux, mais… Je ne les connais pas ceux-là, remarque sa maman.

Manon regarde sa mère attentivement pour voir si elle plaisante. Mais elle paraît sérieuse.

– Mais enfin maman ! *Blanche-Neige, Pinocchio, Cendrillon, La Belle au bois dormant*…

– Ah oui, *Cendrillon* et *La Belle au bois dormant*, je les connais, mais les autres… Quels noms dis-tu ?

– Tiens, regarde, dit Manon à sa

mère en ouvrant *Le Grand Livre des contes merveilleux*, tout est là-dedans.
Elle feuillette très vite en cherchant *Blanche-Neige* qu'elle connaît par cœur. Mais elle revient en arrière, puis en avant. Nulle trace de l'histoire de *Blanche-Neige* dans son livre.
– Ça alors !... Mais dans l'ancien livre, il y avait *Blanche-Neige*... C'est même toi qui me l'as racontée, cette histoire, maman...
– Oh, ça m'étonne, ma chérie, car je n'ai jamais entendu ce nom-là...
Manon se met soudain à réfléchir et repense à ce qui lui est arrivé et à ce que disait son frère quand elle croyait qu'il se moquait d'elle. Elle demande :

– Et *Le Petit Chaperon rouge*, tu le connais au moins ?

– Non plus... C'est une histoire que tu as inventée ?

– Et *Pinocchio* ?...

– Ma foi, non plus...

– Et *Le Petit Poucet* ?...

– Ah ! bien sûr, je te l'ai racontée cent fois, celle-là…
Sans montrer son inquiétude à sa maman, Manon prend son livre sous le bras et file retrouver son frère pour tout lui raconter. Mais lui non plus ne connaît pas *Blanche-Neige,* ni *Pinocchio*, ni *Le Petit Chaperon rouge.* Seule l'histoire du *Petit Poucet* lui est familière.
Rapidement, Manon fait défiler les pages de son livre. Là où, avant, les trois histoires étaient racontées avec des dessins, il y en a d'autres. *Peau d'âne, Barbe-Bleue, Le Chat botté, Peter Pan* sont toujours là, mais plus aucune trace des trois autres histoires…
– C'est affreux, dit soudain Manon

à son frère. Il est arrivé quelque chose de terrible…
– Quoi donc, petite sœur ?…
– En allant dans ta machine, j'ai dû faire des choses qui ont effacé les histoires…
– Écoute, ma puce, je regrette de t'avoir inventé cette machine, car elle prend trop de place dans ta tête… Il faudrait que tu te reposes un peu. Un gros dodo, et tout ira mieux, tu verras…
– Mais Louis, tu ne comprends pas… C'est affreux. Il est vraiment arrivé quelque chose de très grave, je t'assure…
– Écoute, on en reparlera demain, d'accord… En attendant dors avec ton Tinours… Bonne nuit, petite sœur et oublie tout ça...

Louis parti, Manon se retrouve seule avec Tinours dans sa chambre. Elle pense et repense à toutes ces aventures qui lui sont arrivées aujourd'hui. Pourquoi *Blanche-Neige, Le Petit Chaperon rouge* et *Pinocchio* ont-ils disparu du livre alors que *Le Petit Poucet* est encore là ?... Qu'a-t-elle bien pu faire comme bêtise ou comme erreur... ?

– Je leur ai juste dit que... J'ai trouvé ! s'écrie-t-elle en se dressant d'un bond dans son lit. C'est parce que je les ai prévenus de ce qui allait leur arriver... J'ai averti le Petit Chaperon rouge de la présence du loup, j'ai dit à Blanche-Neige de ne pas croquer la pomme et à Pinocchio de ne pas écouter les boniments des coquins. Et alors, comme ils m'ont écoutée, il ne s'est rien passé de grave et leur histoire n'existe pas... Le Petit Poucet, à lui, je n'ai rien dit...

# 11

# BLANCHE-NEIGE CROQUE LA POMME

Manon n'arrive pas à dormir, pensant et repensant à tout ce qui s'est passé.

« Comment faire pour tout remettre en ordre ? se demande-t-elle. Comment faire revenir *Blanche-Neige et les sept nains* dans mon livre et dans la mémoire de ma famille ?... Il faudrait y retourner, mais comment être sûre d'aller dans *Le Petit Chaperon rouge*, par exemple, alors qu'à chaque fois je suis allée dans un conte différent... Mais il faut quand même que j'essaye... Et puis maintenant, je sais ce qu'il faut dire pour revenir : « Je connais votre histoire... » Et j'espère que ça marchera toujours. En attendant, il faut que j'y aille. Je vais essayer de me concentrer sur l'endroit où je veux aller, comme Louis m'avait dit... »

Elle se lève et entrouvre la porte de sa chambre. Tout le monde dort dans la maison.

– Viens, Tinours, cette fois je ne vais pas t'oublier... dit-elle en pre-

nant sa peluche dans ses bras. Mais avant, je vais m'habiller chaudement.
Après avoir enfilé des vêtements bien douillets, elle sort de sa chambre sans faire de bruit, passe rapidement par la cuisine pour manger quelques biscuits et boire un peu d'eau, puis elle se rend au garage où l'attend la Machine extraordinaire.
Elle la rebranche et les fils multicolores se mettent à clignoter, puis elle s'installe dans le siège, pose le casque sur sa tête et ferme ses yeux en se concentrant très fort sur la chaumière des sept nains. Après quelques instants, le vertige étrange l'envahit et elle se retrouve exactement là où elle le désirait. La

chaumière est toute propre et seule Blanche-Neige est là, dehors, en train de chanter près du puits. Tinours est bien vivant, debout à côté de Manon.
« Jusque-là, tout se passe bien », se dit-elle.

– Ah, Manon, comment vas-tu ?... demande aimablement Blanche-Neige en l'apercevant. Tu veux chanter avec moi ?...

– Euh... Avec plaisir, répond Manon flattée que la princesse se soit souvenue de son nom.

Et connaissant la chanson, elle se met à chanter avec Blanche-Neige quand Tinours se signale à elle en tirant sur sa robe.

– La sorcière n'est pas loin, lui chuchote-t-il à l'oreille. Je la sens, elle guette.

– Ah bon... bredouille Manon effrayée, alors il va falloir que je parle à la princesse.

Elle se tourne vers Blanche-Neige qui termine son chant :

– Vous savez, princesse, ce que je

vous ai dit sur les pommes, l'autre fois, c'était faux… En fait, c'est délicieux, les pommes, il faut en manger. Et surtout celles qu'une vieille femme va vous donner. De toute façon, le prince viendra vous voir quand même, à la fin…

– Tu es bien gentille, Manon, remercie Blanche-Neige, je saurai m'en souvenir et je te promets de manger toutes les pommes que l'on m'offrira.

– Merci princesse. Je vais me promener un peu avec Tinours, à plus tard !

Manon et l'ourson quittent la chaumière et vont se cacher derrière un gros buisson d'où ils peuvent tout voir. Ainsi embusqués, ils observent ce qui se passe. Après

quelques minutes d'attente, la sorcière s'approche de Blanche-Neige qui chantonne près du puits. Elles parlent quelques instants, puis la vieille femme tend une grosse pomme verte à la princesse, qui la saisit, la regarde avec envie et finit par croquer dedans.
Quelques secondes plus tard, Blanche-Neige tombe évanouie et la vieille sorcière pouce son horrible rire grinçant.
– Bon ! maintenant on peut rentrer, décide Manon, l'histoire a repris.
– Mais... Tu es sûre de connaître la formule ? demande l'ourson, pas tellement ravi de retrouver si vite le monde réel et ses habitudes de peluche muette.
– Tu vas voir, fait Manon d'un air

convaincu. Normalement... Tu es prêt Tinours ?
– Ben… Puisqu'il faut…
– Je connais votre histoire, et... dit Manon.
Mais rien ne se passe.

12

# LA SORCIÈRE

Manon jette à Tinours un regard terrifié.

– Je con-nais vo-tre his-toi-re, reprend-elle en articulant.

Mais elle reste toujours là, derrière son buisson avec son Tinours, bien vivant.

– C'est affreux, ça ne marche plus… murmure Manon, plutôt découragée.
– Il ne faut pas s'énerver, la rassure Tinours. Je crois que je sais pourquoi ça ne marche pas… Ta phrase, il faut la dire pour de bon. Il faut la dire à quelqu'un de l'histoire, sinon…
– Tu crois ? interroge Manon pleine d'espoir.
L'ourson hoche la tête sans répondre, l'air convaincu.
– Mais alors, les nains sont au travail, Blanche-Neige est évanouie, il ne reste plus que… la sorcière !
– Alors, allons lui parler pendant qu'elle est encore dans le coin, propose Tinours décidé.
Ils doivent courir quelques mètres

pour rejoindre la vieille femme et se montrer à elle. « Elle est vraiment horrible », se dit Manon avec un frisson d'angoisse.

– Fichez-moi le camp ou je vous change en crapauds ! s'écrie la sorcière en les voyant.

Saisie de peur, Manon n'ose plus dire un mot.

– Pourquoi venez-vous mettre votre nez morveux dans mes affaires ? reprend la vieille.

Manon rassemble son courage pour répondre :

– Parce que je connais votre histoire, et…

Un bref vertige les ramène presque aussitôt dans le garage. Manon pousse un soupir de soulagement en réalisant que cela a marché.

– Pfiouuu !... Qu'est-ce que j'ai eu peur ! Quelle horrible bonne femme... Et toi, mon Tinours, tu es le plus intelligent des ours en peluche qui existe au monde, ajoute-t-elle en embrassant de toutes

ses forces son ami redevenu peluche. Et maintenant... il faut aller voir si j'avais vu juste.
Elle ôte le casque et remonte doucement, sans faire de bruit, dans sa chambre. Là, elle se jette sur son *Grand Livre des contes merveilleux* et en feuillette rapidement les pages. Au bout de quelques secondes, elle ne peut s'empêcher de pousser un hurlement de triomphe.
– Woooouuaaa ! Super génial ! J'avais raison !
Sur les pages de son livre, à son emplacement habituel, l'histoire de Blanche-Neige est racontée comme avant, comme toujours.
– Qu'est-ce qui te prend ? s'inquiète Louis en passant par la porte une

tête ébouriffée de sommeil.

– Est-ce que tu connais Blanche-Neige ? lui répond une Manon tout excitée.

– Tu es malade, petite sœur ? Tu as de la fièvre ?

– Réponds-moi, Louis, est-ce que tu connais Blanche-Neige ? C'est très important !

– Ben… Évidemment ! Et c'est pour ça que tu brailles ? Tu ferais mieux de dormir…

– Oui, oui, je me couche tout de suite, promet Manon tout heureuse et soulagée d'avoir réussi à remettre au moins cette histoire-là en ordre.

Son frère reparti se coucher, elle sent l'impatience la gagner et elle décide de retourner à la machine pour continuer son important travail. Elle redescend dans le garage en faisant bien attention à ne réveiller personne, sans oublier son fidèle ami en peluche. Puis elle s'installe sur le siège, enfile le casque et se met à penser très fort au Petit Chaperon rouge. Après quelques instants de vertige, elle se réveille non loin de la chaumière de Mère-Grand. Tinours est debout à côté d'elle. Elle sourit en le voyant s'étirer.

– Mon pauvre Tinours, quelle vie je te fais mener…

– Tu sais, c'est quand même très agréable de pouvoir parler avec toi, répond gentiment l'ourson. Bon, alors que penses-tu faire maintenant ?…

– Ben… Voir le Petit Chaperon rouge et lui expliquer que…
– Qu'il faut qu'il laisse le loup dévorer tranquillement sa grand-mère ? demande Tinours ironique.

## 13

## ENTENTE AVEC LE LOUP

Manon se gratte la tête pour réfléchir à la situation.

– Tu as raison, on ne peut pas lui demander ça…

– Et on ne peut pas non plus demander à Mère-Grand de se laisser dévorer, n'est-ce pas ?

– Bien sûr que non !
– Alors, conclut Tinours, la seule personne à aller voir, c'est le loup…
– Aller voir le loup ! tu n'y penses pas, quand même !…
– À moins que tu ne voies une autre façon de faire, c'est la seule solution, répond Tinours.
– Aller voir le loup et lui dire qu'il faut absolument qu'il aille manger Mère-Grand ? interroge Manon. C'est quand même un peu bizarre, non ?
– Oui, admet Tinours, mais c'est la seule façon de faire revenir l'histoire normale…
– Je crois bien que tu as raison, dit Manon résignée. Alors, allons voir le loup, si on le trouve…

Ils quittent la clairière et partent à la recherche du loup. Dans une forêt comme celle-là, un loup n'est pas très difficile à trouver. Après avoir erré quelques minutes ici et là et posé quelques questions aux habitants de la forêt, ils finissent par l'apercevoir en train de suivre la piste d'un chevreuil pour se nourrir, comme le font les loups. En les voyant, il se pourlèche les babines à la pensée d'un bon repas, mais en s'approchant d'eux, il déchante.

– Hou ! mais je vous reconnais, vous autres… Vous êtes les copains du chasseur… Vous m'avez fait peur l'autre jour, alors que j'avais bien préparé mon affaire pour dévorer enfin ce Petit Chaperon

rouge qui me nargue…
– Justement, intervient Manon, on est revenus pour s'excuser…
– Comment ça, vous excuser ?

Vous croyez que je vais avaler ça, moi, le grand méchant loup ?... Laissez-moi tranquille. Je suis sûr que votre ami le chasseur n'est pas loin et qu'il va me tirer un coup de fusil.

– Non, non ! Je t'assure qu'il n'est pas là !

Les yeux du loup s'agrandissent soudain, tandis qu'il passe sa langue sur ses babines.

– Alors, je pourrais peut-être vous croquer... Vous m'avez l'air bien dodus, tous les deux...

« Tant pis, se dit Manon en elle-même, c'est très vilain ce que je vais faire, mais il le faut ! »

– Écoute, grand méchant loup, tu dois aller chez Mère-Grand, et y attendre le Petit Chaperon rouge.

Comme l'autre fois. Mais cette fois nous ne viendrons pas te déranger et tu pourras faire ce que tu voudras… Après…

– C'est vrai ? dit le loup très intéressé. Le chasseur ne viendra pas ? Et je pourrai manger le Petit Chaperon rouge ?…

– En tout cas, nous, nous ne ferons rien contre toi, lui répond Manon, qui déteste mentir. Il faudra te débrouiller… Tu n'auras qu'à faire comme d'habitude.

– Eh bien, c'est d'accord, s'écrie le loup avec une lueur de gourmandise dans les yeux. Allons-y de ce pas… C'est justement le jour où le Petit Chaperon rouge apporte son pot de beurre et sa galette à Mère-Grand.

Et les voilà donc repartis pour la chaumière de Mère-Grand. Tinours et Manon suivant le loup un peu en retrait, ils peuvent échanger quelques mots :
– Tu as pensé à la façon de dire ta phrase pour repartir ? s'assure à voix basse Tinours, toujours efficace.
– En retrouvant le Petit Chaperon rouge, ce sera plus sûr !
Ne voulant surtout pas assister au terrible spectacle du loup chez Mère-Grand, les deux amis quittent la clairière sans attendre et s'avancent sur la route à la rencontre de la fillette en rouge.
Au bout de quelques instants, ils la retrouvent comme ils l'avaient rencontrée la fois précédente.

– Oh… Bonjour Manon, bonjour Tinours ! salue gentiment la fillette.
– Bonjour, répond tristement Manon qui sait ce qui va arriver à son amie. Toi, je connais ton histoire et…

# 14

## PINOCCHIO EST TROP SAGE

Manon est tout heureuse de se retrouver dans le garage avec son ours en peluche à côté d'elle.
– Ouf !… Quelle aventure !… La fréquentation d'un loup, c'est pas de tout repos. Mais c'est quand même extraordinaire, je ne suis

même pas fatiguée soupire-t-elle. Comme la première fois, elle fonce dans sa chambre chercher son livre de contes. Elle l'ouvre précipitamment et le feuillette pour trouver la page qui l'intéresse.

– Gagné, Tinours !… souffle-t-elle à voix basse à sa peluche. L'histoire figure bien dans *le Grand Livre des contes merveilleux*.

Soulagée, Manon s'interroge maintenant sur ce qu'elle doit faire. Elle a déjà effectué deux voyages de « réparation » d'histoire, et il reste encore à aller chez Pinocchio pour l'obliger à suivre les coquins et remettre le conte dans le bon fil. Elle s'aperçoit aussi, sans trop s'en étonner, qu'elle ne sait plus très bien si les premiers voyages se pas-

saient il y a quelques minutes ou quelques jours.
– Bah… Allez… dit-elle d'un ton décidé, finissons-en, et comme ça, on sera tranquilles. Viens Tinours, nous allons voir Pinocchio !
Sur la Machine extraordinaire, Manon se concentre très fort en pensant au pays de Pinocchio. Au bout d'un temps indéfinissable, elle finit par s'y réveiller, Tinours vivant à ses côtés. Ils se retrouvent dans la rue devant la boutique de Gepetto. Il est tôt le matin, il fait encore un peu nuit. Par chance, c'est juste le moment où le brave homme embrasse le pantin de bois avant son départ pour l'école. Tandis que Pinocchio s'éloigne en saluant son papa d'un geste de la

main, Jiminy Cricket sort précipitamment de la boutique en enfilant son veston de costume. Il s'emmêle les bras et les jambes et se casse la figure sur les pavés.

– Ahem ! C'est affreux, je suis encore en retard... Hé, Pinoc ! Attends-moi.
Manon et Tinours se mettent à courir pour les rattraper. Sur la route de l'école, ils aperçoivent Pinocchio en discussion avec Grand Coquin et Gédéon, tandis que Jiminy court pour le rejoindre. Discrètement, Manon et Tinours s'approchent du groupe et parviennent à entendre le renard expliquer au garçon comment devenir plus tard un très grand acteur. Mais Pinocchio reste très ferme et ne vacille pas.
– Non, non, je ferai ce qu'on m'a dit. J'irai à l'école et nulle part ailleurs parce qu'il est nécessaire que je m'instruise et ça fait plaisir

à Jiminy et à mon père. Donc il est inutile d'insister.

Malgré les propositions mirifiques des deux fripons, le petit bonhomme reste ferme, encouragé par Jiminy, qui le rejoint enfin.

– Je vous ai déjà dit de laisser ce petit tranquille, vous autres ! glapit le grillon en colère.

Écœurés, les deux bandits préfèrent disparaître en grognant leur mépris. C'est à ce moment-là que Jiminy aperçoit Manon et Tinours.

– Oh !... Hé, Pinoc !... Regarde, nos amis sont là...

– Bonjour, fait le grillon, toujours aimable. Dites, vous savez que Pinocchio est très, très gentil. Il va à l'école sans écouter les sornettes qu'on lui raconte en chemin, et tout

le monde est très content de lui.
– Aaah… C'est très bien, le félicite Manon sans grande conviction.
« Zut, ça ne nous arrange pas, pense-t-elle en fait. Il va falloir convaincre Pinocchio de ne pas aller à l'école en écartant Jiminy qui ne nous laissera jamais faire. Ça ne va pas être facile… »
Tandis que Pinocchio poursuit sagement son chemin vers l'école avec Jiminy, Tinours tire doucement sur la robe de Manon pour lui parler à l'oreille :
– Je pense qu'il faudrait mieux aller parler aux deux coquins, ce sont les seuls qui peuvent nous tirer d'affaire. Ils parviendront peut-être à convaincre Pinocchio.
– Tu as raison, Tinours, dit Manon

après réfléxion. Il n'y a qu'eux pour remettre l'histoire sur les rails. Ils sont partis par là… Viens, essayons de les retrouver, en espérant qu'ils n'aient pas trop peur de toi, ajoute-t-elle en souriant.

## 15

# LA MACHINE DOIT ÊTRE DÉTRUITE

Ils finissent par les dénicher dans une taverne louche où ils sont en train de boire. Ils sont en compagnie d'un homme vêtu d'une grande cape rouge comme un cocher de fiacre. Manon le reconnaît sans joie.

– C’est le méchant cocher de l’île aux Plaisirs, tu as vu ?… demande-t-elle à Tinours.
– Oui, mais il faut y aller quand même, répond l’ourson.
À l’intérieur, cela sent très mauvais le tabac et l’alcool. Manon et Tinours se dirigent néanmoins vers leur table.
– Je ne sais pas ce que je donnerais pour ce gamin de bois… soupire le cocher.
– Oui, après un bon stage chez Stromboli et quelques bons coups de fouet, voilà qui ferait une bonne affaire… répond Grand Coquin.
En voyant Manon et Tinours devant eux, les deux bandits sursautent.
– Oh ! L’ours enragé !… s’écrie

Gédéon, prêt à fuir.
– Une seconde, fait Grand Coquin, il n'a pas l'air si méchant que ça, cet ours… Et cette gamine non plus. Peut-être que l'ours et son amie pourraient aimer aller faire une promenade dans l'île aux Plaisirs, non ?… ajoute-t-il en jetant un coup d'œil complice vers le cocher.
– Non ! non ! intervient Manon, je connais votre…
Elle s'interrompt juste à temps pour ne pas prononcer la phrase fatale qui la ramènerait dans le garage.
Le cocher se lève soudain et, avec une infâme lueur de méchanceté dans les yeux, il brandit un grand filet dans lequel il emprisonne les

deux malheureux amis.
– Allez hop !… Deux de plus à qui vont pousser des oreilles et une queue…
Ainsi emprisonnés, les deux amis ne peuvent plus bouger.

– Arrêtez ! crie soudain Manon, nous vous aiderons à emmener Pinocchio, je vous le promets. Mais libérez-nous, s'il vous plaît ! Je vous en supplie !

– Vous feriez ça ? demande Grand Coquin, soudain intéressé.

– Nous sommes là pour ça, jure Manon.

Le cocher les libère à regret du filet sur un signe de Grand Coquin.

– Alors nous vous suivons… Emmenez-nous auprès de ce Pinocchio.

Sur le chemin du retour de l'école, Pinocchio et Jiminy marchent ensemble. Soudain, Jiminy aperçoit Tinours, qui l'attire à l'écart. Pendant ce temps, Manon reste seule avec Pinocchio et lui parle :

– Tu sais, tu devrais quand même écouter ce que te disent ces messieurs, ils te proposent des choses très intéressantes, vraiment...

– Ah bon, tu crois ?… répond faiblement le garçon.

À cet instant, Grand Coquin et Gédéon surgissent et prennent chacun le garçon par un bras pour l'entraîner au loin en lui racontant des bobards. Quand Jiminy revient avec Tinours, il s'inquiète pour son protégé.

– Ahem !… Pinoc !… Qu'est-ce que vous en avez fait ?

– Oh, il est parti par là… dit Manon, pas très fière d'elle-même. Mais le fil de l'histoire à réparer l'oblige à mentir, à aider les coquins. Et elle ajoute :

– C’est parce que je connais votre histoire, et…
Manon se réveille dans le garage avec son ours en peluche contre elle. Son frère Louis est debout devant sa sœur et il la regarde d’un air attendri.
– Eh bien, on peut dire que tu as bien dormi, toi !
– Mais je n’ai pas dormi, je suis allée dans la machine pour réparer les histoires…
Louis sourit d’un air un peu triste, avant de poursuivre :
– Tu sais, ma puce, papa a besoin du garage et je suis obligé de détruire la Machine extraordinaire, mais je t’en referai une autre bientôt.
– Ah, regrette Manon, déçue. Mais

je voulais aller voir dans mon livre si *Pinocchio* existe encore.
– Mais bien sûr qu'il existe. Et ton livre, tu sais bien qu'il est abîmé. D'ailleurs, tiens ! je t'en ai racheté un aujourd'hui. Le voilà…
Il lui tend le fameux livre, tout neuf. Dans *Le Grand Livre des contes merveilleux,* les histoires sont toutes au complet, comme toujours. Alors, à votre avis, Manon a-t-elle rêvé tout cela ?…

FIN

# TABLE DES MATIÈRES

La machine de Louis . . . . . . . . . . 7
La fillette en rouge . . . . . . . . . . . 15
Le loup est en fuite . . . . . . . . . . . 23
Sept petits hommes . . . . . . . . . . . 31
La princesse . . . . . . . . . . . . . . . 39
Dans le brouillard . . . . . . . . . . . . 47
Les vauriens en fuite . . . . . . . . . . 55
Manon voyage seule . . . . . . . . . . 63
L'ogre . . . . . . . . . . . . . . . . . . . . 71
Une terrible découverte . . . . . . . . 79
Blanche-Neige croque la pomme 87
La sorcière . . . . . . . . . . . . . . . . 95
Entente avec le loup . . . . . . . . . .103
Pinocchio est trop sage . . . . . . . .111
La machine doit être détruite . . .119